HISTORIETAS JUVENILES:
MITOLOGÍAS™

MITOLOGÍA EGIPCIA

Isis y Osiris

Tom Daning

Traducción al español:
José María Obregón

PowerKiDS press.

& **Editorial Buenas Letras**™
New York

Published in 2009 by The Rosen Publishing Group, Inc.
29 East 21st Street, New York, NY 10010

First Edition

Editors: Julia Wong and Daryl Heller
Spanish Edition Editor: Mauricio Velázquez de León
Book Design: Greg Tucker
Illustrations: Q2A

Library of Congress Cataloging-in-Publication Data

Daning, Tom.
  [Egyptian mythology. Spanish]
  Mitología egipcia : Isis y Osiris / Tom Daning. – 1st ed.
      p. cm. – (Historietas juveniles. Mitologías)
  Includes index.
  ISBN 978-1-4358-3328-9 (pbk.) – ISBN 978-1-4358-3329-6 (6-pack)
  ISBN 978-1-4358-8577-7 (hc.)
  1. Mythology, Egyptian–Juvenile literature. 2. Osiris (Egyptian deity)–Juvenile literature.
3. Isis (Egyptian deity)–Juvenile literature. I. Title.
  BL2441.3.D3618 2009
  299'.3113–dc22
                                                2008054175

Manufactured in the United States of America

CONTENIDO

PERSONAJES PRINCIPALES

Osiris *es el dios de la muerte. Osiris era rey de Egipto hasta que fue asesinado por Seth, su hermano. Osiris revivió y se convirtió en el dios de la muerte.*

Isis *es la diosa del cielo y la muerte. Estaba casada con Osiris y es madre de Horus. Isis cuidaba a los faraones, o reyes, de Egipto.*

Seth *es el hermano de Osiris e Isis. Seth asesinó a Osiris para convertirse en rey de Egipto. Seth era el dios del caos y el desorden. Seth causaba guerras y tormentas.*

Anubis *es el hijo de Neftis, la hermana de Osiris. Anubis ayudaba a Osiris con los muertos. Anubis tenía cabeza de chacal, o perro salvaje. Anubis decidía quien podía entrar al mundo de los muertos. Anubis pesaba el corazón de cada persona. Sólo aquellos de corazones ligeros como una pluma podían entrar.*

ISIS Y OSIRIS

EN EL DESIERTO DE EGIPTO, DOS **ARQUEÓLOGOS** DESCUBREN UNA ANTIGUA **TUMBA**.

ESTA TUMBA NOS AYUDARÁ A ENTENDER LA VIDA EN EGIPTO HACE MILES DE AÑOS.

¿QUÉ NOS DICEN ESTAS PINTURAS?

OSIRIS ERA UN REY GRANDE Y BONDADOSO.

OSIRIS LE ENSEÑÓ A SU GENTE A SEMBRAR TRIGO Y MUCHAS OTRAS COSAS.

TAMBIÉN LES ENSEÑÓ A HACER LADRILLOS PARA SUS CASAS.

Y LO MÁS IMPORTANTE, OSIRIS LES ENSEÑÓ CÓMO **RENDIR CULTO** A SUS DIOSES.

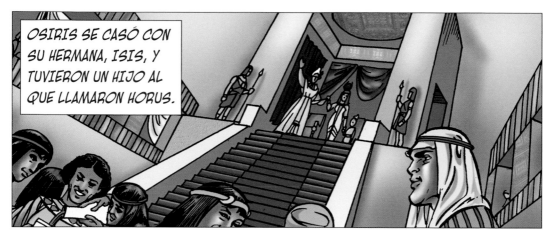

OSIRIS SE CASÓ CON SU HERMANA, ISIS, Y TUVIERON UN HIJO AL QUE LLAMARON HORUS.

OSIRIS QUERÍA COMPARTIR SUS CONOCIMIENTOS EN OTRAS TIERRAS.

CUIDA EL REINO EN MI AUSENCIA.

LA REINA ISIS GOBERNÓ CON INTELIGENCIA DURANTE LA AUSENCIA DE OSIRIS. SIN EMBARGO, SU HERMANO SETH TENÍA UN PLAN PARA CONVERTIRSE EN REY DE EGIPTO.

SETH ENGAÑÓ A ISIS PARA QUE LE DIERA LAS MEDIDAS DE OSIRIS.

QUISIERA HACER UNA **TÚNICA** ESPECIAL PARA OSIRIS.

TE DARÉ SUS MEDIDAS.

SETH ORDENÓ LA CONSTRUCCIÓN DE UNA BELLA CAJA.

LA CAJA TENÍA LAS MEDIDAS DE OSIRIS.

SETH ORGANIZÓ UNA FIESTA PARA OSIRIS, PARA DARLE LA BIENVENIDA A EGIPTO.

LA REINA LLEGARÁ PRONTO. MIENTRAS TANTO, DISFRUTEMOS DE LA FIESTA.

HAREMOS UN **CONCURSO**. QUIÉN QUEPA MEJOR EN ESTA CAJA DE ORO SERÁ SU DUEÑO.

TODOS LOS INVITADOS TRATARON, PERO NADIE CABÍA BIEN EN LA CAJA.

SETH CERRÓ LA TAPA DE LA CAJA ATRAPANDO A OSIRIS HASTA QUE MURIÓ.

SETH NO QUERÍA QUE NADIE ENCONTRARA A OSIRIS.

UN SIRVIENTE LE RELATÓ A LA REINA LA MUERTE DE OSIRIS.

DEBEMOS ENCONTRAR SU CUERPO Y ENTERRARLO PARA QUE DESCANSE EN PAZ.

ISIS BUSCÓ A OSIRIS POR TODO EL REINO.

PERO NADIE SABÍA NADA.

FINALMENTE, UNOS NIÑOS QUE JUGABAN CERCA DEL RÍO NILO LE DIERON ALGO DE **INFORMACIÓN**.

VIMOS A UNOS HOMBRES TIRANDO UNA CAJA AL RÍO.

GRAN MADRE DE LOS CIELOS, MUÉSTRAME DÓNDE ESTÁ MI ESPOSO.

OSIRIS DESCANSA EN LA TIERRA DE BIBLOS.

SU **ATAÚD** ESTÁ EN LAS RAMAS DE UN PODEROSO ÁRBOL.

ESTE ÁRBOL ESTÁ DENTRO DEL PALACIO DE BIBLOS.

ISIS VIAJÓ A BIBLOS.

EN BIBLOS, ISIS ENCONTRÓ A ALGUNAS MUJERES EN EL PALACIO. ISIS NO LES DIJO QUIÉN ERA.

LAS MUJERES LA LLEVARON CON LA REINA DE BIBLOS.

SU MAJESTAD, ESTA MUJER BUSCA TRABAJO.

LA REINA LE DIO A ISIS EL TRABAJO DE NIÑERA DE SU HIJA.

AQUELLA NOCHE LA REINA FUE A VER A SU HIJO.

¿QUÉ PASA?

¡DEJA A MI HIJO EN PAZ!

NO TE PREOCUPES. TU HIJO ME RECUERDA A MI PROPIO HIJO QUE ESTÁ MUY LEJOS. MI TRISTEZA ME CONVIRTIÓ EN AVE.

ISIS LE REVELÓ A LA REINA SU VERDADERA **IDENTIDAD**. TAMBIÉN LE DIJO QUE ESPERABA ENCONTRAR A OSIRIS Y LLEVAR SU CUERPO A CASA.

TE LLEVARÉ CON TU ESPOSO.

AL REGRESAR A EGIPTO, ISIS SE REUNIÓ CON SU HERMANA, NEFTIS.

HERMANA, TODOS LLORAMOS LA MUERTE DE NUESTRO GRAN REY.

ISIS Y NEFTIS ESTABAN TAN TRISTES QUE POR UN MOMENTO SE CONVIRTIERON EN HALCONES.

ISIS ESCONDIÓ EL ATAÚD DE OSIRIS A ORILLAS DEL RÍO.

HASTA LUEGO, MI AMOR.

ISIS REGRESÓ A CASA PARA ESTAR CON SU GENTE Y AL LADO DE SU HIJO HORUS.

EL ATAÚD DE OSIRIS FUE DESCUBIERTO MUY PRONTO.

SETH LO ENCONTRÓ DURANTE UNA CACERÍA.

¿CÓMO LLEGÓ AQUÍ EL ATAÚD DE MI HERMANO?

¡NO IMPORTA! ¡DEBO DESHACERME DE ÉL DE UNA VEZ POR TODAS!

SETH CORTÓ EL CUERPO DE OSIRIS EN 14 PEDAZOS. SETH **ESPARCIÓ** LAS PIEZAS POR EL RÍO.

¡TE ENCONTRARÉ, OSIRIS, ASÍ TENGA QUE BUSCAR POR TODO EGIPTO!

ISIS REGRESÓ AL ATAÚD DE OSIRIS, PERO ERA MUY TARDE.

ISIS NAVEGÓ POR EL RÍO EN BUSCA DE SU ESPOSO.

EN DONDE ISIS ENCONTRABA UNA PARTE DE OSIRIS, LA ENTERRABA Y CREABA UN **SANTUARIO**.

QUERIDO ESPOSO, ESPERO QUE SIGAS SIENDO REY DONDE QUIERA QUE TE ENCUENTRES.

LAS PLEGARIAS DE ISIS FUERON ATENDIDAS. ANUBIS, EL REY DE LA MUERTE **RESUCITÓ** A OSIRIS.

DESDE ENTONCES, OSIRIS GOBERNÓ COMO REY EN EL **INFRAMUNDO**.

PASARON MUCHOS AÑOS. HORUS SE CONVIRTIÓ EN UN HOMBRE.

UNA NOCHE EL FANTASMA DE SU PADRE SE LE APARECIÓ.

DEBES PELEAR CONTRA SETH PARA LIBERAR A EGIPTO.

ASÍ LO HARÉ PADRE. NO TE FALLARÉ.

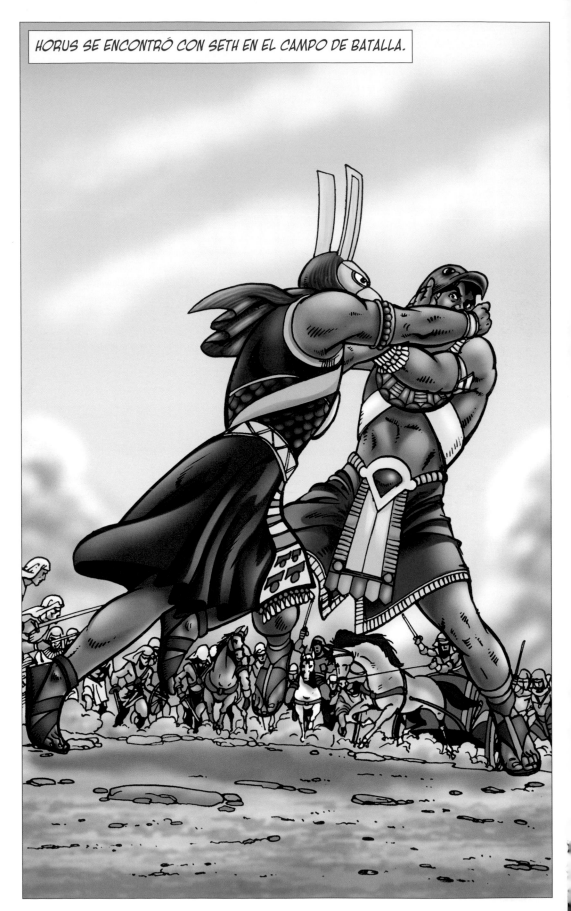

HORUS SE ENCONTRÓ CON SETH EN EL CAMPO DE BATALLA.

ÁRBOL GENEALÓGICO

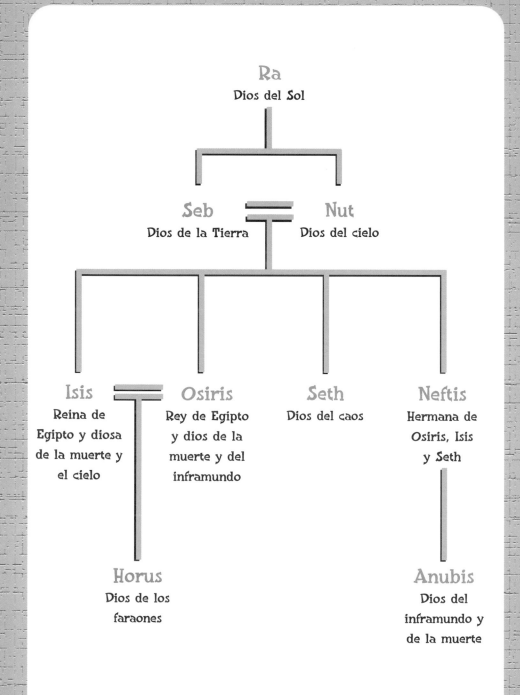

Ra
Dios del Sol

Seb
Dios de la Tierra

Nut
Dios del cielo

Isis
Reina de
Egipto y diosa
de la muerte y
el cielo

Osiris
Rey de Egipto
y dios de la
muerte y del
inframundo

Seth
Dios del caos

Neftis
Hermana de
Osiris, Isis
y Seth

Horus
Dios de los
faraones

Anubis
Dios del
inframundo y
de la muerte

GLOSARIO

arqueologos (los) Personas que estudian los restos de las personas para entender cómo vivían.

ataúd (el) Una caja en la que se coloca el cuerpo de una persona muerta.

concurso (el) Un juego o competición en el que una o varias personas compiten por un premio.

esparcir Arrojar en diferentes direcciones.

identidad (la) Lo que es una persona.

información (la) Saber acerca de algo o alguien.

inframundo (el) El lugar en el que viven las almas de los muertos.

rendir culto Demostrar gran honor o respeto por una persona.

resucitar Regresar de la muerte.

santuario (el) Un lugar especial construido en honor de una persona.

tumba (la) Cavidad en la tierra o construida sobre ella en la que se entierra el cuerpo muerto de una persona.

túnica (la) Una larga pieza para vestirse.

ÍNDICE

PÁGINAS EN INTERNET

Debido a los constantes cambios en los enlaces de Internet, Rosen Publishing Group, Inc. mantiene una lista de sitios en la red relacionados con el tema de este libro. Esta lista se actualiza regularmente y puede ser consultada en el siguiente enlace:
www.powerkidslinks.com/myth/osiris/